LIVE ALOHA
アロハに生きるハワイアンの教え

Contents

はじめに 6

ALOHA - meaning
 ALOHA は生き方　10
 ALOHA 女王の定義　12
 ALOHA はバランス　14
 ALOHA は笑顔　16
 ALOHA は目に見えないもの　18
 ALOHA は鳥　20
 ALOHA はレイ　22

ALOHA - people
 ALOHA は言葉　26
 行動＞言動　28
 ハワイ式戦闘術　30
 名前の力　32
 ALOHA は声　34
 与える　36
 オハナのあり方　38
 一日にして成らずは…　40
 波はいつも　42

ALOHA - nature
 海の民　46
 故郷は砂浜　48
 すべてが借り物　50
 「地」への ALOHA　52
 地に仕える　54
 森に女神　56
 虹と美女　58
 天国の涙　60

雨降って虹現る　62
　　　神様の飾り　64
　　　ハワイに生を与えるもの　66
　　　雨は森を追いかける　68
　　　命の水　70

ALOHA - spirit
　　　虹の迷信　74
　　　答えはどこに？　76
　　　ハワイアンは自然観察者　78
　　　探しもの　80
　　　未来は過去？　82
　　　マナの時　84
　　　心の目　86
　　　持ち出し注意　88
　　　ペレに手を出すな　90
　　　ハワイアンが祈るとき　92
　　　家系を守るスピリット　94

ALOHA - song and dance
　　　ALOHA はハワイの島々　98
　　　ハワイアンがフラを踊るとき　100
　　　ALOHA は歌　102
　　　ハワイのハートビート　104
　　　弟子の心得　106
　　　視線がだいじ　108
　　　フラダンサーの心得　110
　　　心の深いところ　112
　　　美しい人の定義　114
　　　フラダンサーは選ばれている　116

はじめに

『LIVE ALOHA ～アロハに生きるハワイアンの教え』を手に取ってくださったあなたに ALOHA！
26年間のハワイ暮らしの中でぼくが出合ったハワイの人々が伝える深く優しい格言・名言から、ALOHAな思考とライフスタイルを考えるエッセイ50篇をまとめました。
まとめるにあたって元になったのは、カルチャー・キュレーターとしてハワイ州観光局フェイスブック・ページ／ポータルサイトに連載していた『ハワイの教え』コラム・シリーズです。書籍化にあたって改めてハワイ州観光局の皆さまに MAHALO。

今ではぼくの第二の故郷になったハワイですが、いつもどこかで少しだけ距離を保ちながら、ハワイに心を寄せて日々生活しています。完全にこちら側の人になってしまっては元も子もない、という思いがあるからです。このハワイの格言が教えてくれるように。

'A'ole no i 'ike ke kanaka i na nani o kona wahi i hānau 'ia ai.
「そこで生まれ育った人に、故郷の魅力は見えないもの」

ハワイの自然や人が放つ魅力に、いつでも気づき、影響を受けることができる日本人の感覚を持った自分でいたい。潜在意識の自分がきっとそんなふうに考えているのだと思います。
そんなぼくのフィルターを通してではありますが、日々拾い集めている「ハワイの教え」をこの本を通じてあなたにシェアできることを心から嬉しく思っています。
本編への入口として、まずはハワイのヒーロー、デューク・カハナモクのこの言葉をシェアしましょう。

"Try meeting or leaving people with ALOHA. You'll be surprised by their reaction."
「人と会う時も別れる時も ALOHA でいてごらんよ、相手の反応の違いにきっと驚くはずさ」

デュークの言う「ALOHA でいる」ための思考術本として、ハワイの空気を感じる写真集として、この本があなたのそばにいつもあることを願って。

2017年4月　マノアにて

よしみだいすけ

ALOHA-meaning

ALOHA は生き方

Live Aloha リブ・アロハ
つまり「アロハに生きよう」という意味。
「アロハに生きる」とはどんな生き方なのか。

『 Live Aloha 』という歌があります。
アロハに生きる方法を歌って聴かせてくれます。
大切なのは3つのこと。

笑顔でいること
フラを踊ること
そして、いつも与えること

「Live（生きる）」と「Aloha（愛）」。
たった二つのシンプルな言葉の組み合わせだけど、海のように深い。
だからこそ胸に刻みたい言葉です。

Live Aloha という言葉を見ると、ある知人のハワイアン・ミュージシャンを思い出します。メールやテキスト・メッセージの文末をいつもこの言葉で締めくくっていた彼は数年前に亡くなってしまったけど、アロハに生きよう、っていう言葉とともに心の中に生き続けています。

Live Aloha

ALOHA　女王の定義

ALOHA の言葉の意味は、ハワイ語辞典をひけばいろいろ書いてあります。
それは愛、愛すること、そして挨拶の言葉。
一言で言えばその通りなのですけど、ぜんぜん物足りません。
本物のハワイアンは、その言葉が持つ本質の深淵さから、ALOHA を軽々しく口にしない、と言う人もいます。

ALOHA の本質を心で感じ、行動で表せる人でありたい。

ALOHA の解釈にはいろいろありますが、ぼくの一番のお気に入りは、ハワイ王国最後の女王リリウオカラニのこの言葉。

ALOHA とは、語られていないことを学び取り、目に見えないものを見る目を持ち、そして不可知の存在を知ること

たくさんの歌を書いた女王のソングブックのなかにある日見つけて心動かされた言葉の原文はこちら。

Aloha is to learn what is not said,
to see what cannot be seen
and to know the unknowable.

ALOHA はバランス

Pono ポノ
ハワイの人がよく使う、シンプルだけど意味の深い言葉。

ハワイ語辞書で Pono をひくとたくさんの言葉が並んでいます。
善良性、親切心、真心、モラル、良質、適切、正しい、優秀、健康で幸福な状態、
繁栄、本質、正義・・・

ポノとは、地球上のすべてのことが本来あるべき状態のこと。
物事が、自然環境が、人間関係が、精神状態が、健康状態が、ちょうどいい
バランス、調和のとれた状態。
状態がポノでなくなってしまったときは、ポノの状態に戻してあげなければいけません。

ポノの状態に戻すことをホオポノポノ (Ho'oponopono) といいます。

ALOHA は PONO から生まれる、そんな仮説が成り立ちそうです。

Pono

ALOHA は笑顔

ハワイの人の魅力のひとつに、笑顔があります。
子供も大人も、女性も男性も、太陽のように明るくて自然な笑顔です。
こちらまで笑顔になってしまいます。

ハワイの踊りフラも、笑顔の踊りです。
「どうしてフラダンサーはずっと笑顔で踊るのでしょう?」
あるクムフラはこう答えました。

「ハワイはね、笑顔の文化なのよ。」

人と人が行き交い、出会い、交流する。始まりは笑顔から。それがハワイの基本。
他人同士でも、目が合えば笑顔。ハワイの人に受け入れられたければ、笑顔を大切に。

日本のテレビ番組がハワイでフラについて取材するときに、コーディネーター&通訳として
声がかかることがあります。ある日の撮影で、フラダンサーが踊るのを
ハワイで初めて見た撮影スタッフが素朴な疑問を投げたのがこのエピソードのきっかけ。

Smile more in Hawaii.

ALOHA は目に見えないもの

なぜだかハワイで海辺をドライブしていると『星の王子さま』を連想してしまう。
ぼんやりそんなことを思ったことがあるなら、あなたはぼくと同類です。
どうしてなのか、ある日気がつきました。
海辺の地形が連想させるからなのです。
『星の王子さま』の冒頭に出てくる「ボアがゾウを消化しているところ」を描いた
あの絵を。

ハワイと『星の王子さま』には、共通の教えがあることも発見しました。
それは、目に見えないものに価値を置くこと。
あの名セリフ(覚えている?)はまさにハワイが大切にする ALOHA そのもの。

ある日カエナ岬に行ったとき例によって『星の王子さま』のことを連想していたら、翌日ブックストア
で思いがけないものに出合いました。見つけたのは、ハワイ語版『星の王子さま』の本!タイトルは
『Ke Keiki Aliʻi Liʻiliʻi』でした。そして、あの名セリフはこんな素敵なハワイ語になっていました。

ʻO nā mea pono loa, ʻaʻohe ʻike ʻia e nā maka.

ALOHA は鳥

部屋の窓の外に木の枝が広がっています。
その木は成長が速くて、気づけばここまで伸びていました。
ある朝、その木を見ながら歯磨きをしていて気づきました。
この木がまだなかったころと今の違いは、鳥たちの声を聞けるようになったこと。
いろいろな鳥がどこからともなく飛んできて、この木の枝に一時留まって
ひとしきりさえずってからまた飛んでいきます。
この木は鳥を引き寄せてくれている。これは幸せな変化でした。
ハワイのことわざを思い出しました。

ヘ・マヌ・ケ・アロハ、アオヘ・ラーラー・カウオレ
ALOHA は鳥と同じ、枝のない木にはとまれません

たくさんの **ALOHA** が集まってきてしまう、そういう枝を広げた木のようになろう。

すごい速さで伸びたのはアフリカン・チューリップの木。外来種のこの木はハワイ固有種にとって迷惑
この上ない存在ですが、ハワイのいたるところで見つける、あの大きな赤い花をつける木です。

He manu ke aloha,ʻaʻohe lālā kauʻole.

ALOHA はレイ

大切な人に草花で編んだレイを贈るハワイの習慣、なんて質素で贅沢なんだろう。
首にレイをかけていただくとき、それは幸せの瞬間です。
そのレイが、贈り主の気持ちの込もった手作りのものなら、なおのこと。
幸せな気持ちは、胸から漂う草や花の香りを楽しんでいる間、ずっと続きます。

ハワイの人はレイを恋人にたとえたり、愛する気持ちにたとえます。
こんな格言があります。

エ・レイ・カウ、エ・レイ・ホオイロ・イ・ケ・アロハ
夏も冬も胸にかけているレイ、それが ALOHA

こんなのもあります。

エ・レイ・ノ・アウ・イ・コ・アロハ
あなたの ALOHA をレイのように身につけていよう

レイは ALOHA です。

E lei kau, e lei hoʻoilo i ke aloha.
E lei no au i ko aloha.

ALOHA-people

ALOHA は言葉

「言葉に気をつけなさい。言う前にもう一度考えなさい」

以前インタビューしたある有名ハワイアン・ミュージシャンが話してくれたハワイ長老の教えです。
ハワイの人々は、言葉の持つ力に対して繊細で慎重だった。
なぜなら、口から発した言葉は、そこに込められたものがポジティブでもネガティブでも、確実に人に影響を与える。それは巡り巡って自分に帰ってくる。
一度発したそのエネルギーは、完全になかったことにすることはできない。
そう信じているのだと教えてくれました。

イ・カ・オーレロ・ノー・ケ・オラ、イ・カ・オーレロ・ノー・カ・マケ
言葉に命あり、言葉に死あり

生かしも殺しもする言葉のパワー、それを伝えるこのハワイの格言にドキッとさせられます。

I ka ʻōlelo nō ke ola, i ka ʻōlelo nō ka make.

行動＞言動

口先だけで行動が伴わない人
自慢話で悦に入るばかりの人
そのような残念な人に悩まされていませんか？
安心してください。
ハワイも例外ではない、世界共通の悩みです。
そのような人を戒める格言、ハワイにもあります。

ホー・アエ・カ・イケ・ヘエナル・イ・カ・ホクア・オ・カ・アレ
波乗りの知識は、波の上で見せなさい

実力は行動で証明するもの。
そのたとえが、ハワイではサーフィンになってしまいます。

Hō aʻe ka ʻike heʻenalu i ka hokua o ka ʻale.

ハワイ式戦闘術

ブライアン・ケアウラナという人を知っていますか？
オアフ島の西部マカハのハワイアン・レジェンド・サーファー、バッファローの息子で、自身もサーファー、ライフガード、生粋のハワイアン・ウォーターマンとして活躍するロコボーイのあこがれの存在。
次の言葉は、そんなブライアンが語ったものです。

「オレのばあちゃんが教えてくれたこと、それはハワイ式戦闘術を使う知恵と勇気を持てということ。そしてその術とは・・・ハグすること。」

腕っぷしも強くて喧嘩なら誰にも負けなさそうな彼が言うからまたいい。

マカハ・ビーチでケアウラナ・オハナ（ブライアン、父バッファロー、弟ラスティー）に会ったことが何度かあります。ある日イベントでのインタビュー中のこと、近くで喧嘩騒ぎが起こり、それに気づいて「ちょっとごめん」と現場へすっ飛んで行き、平和的に仲裁する兄弟の姿をこの目で見ました。

Hug！

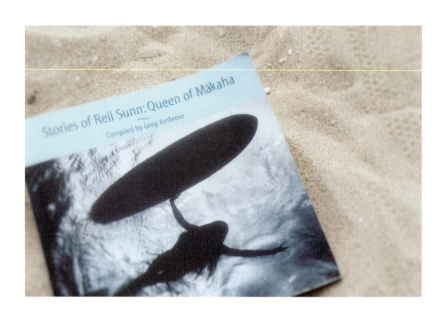

名前の力

大好きなハワイの女性がいます。
彼女のハワイアン・ネームはカポリオカエフカイ。
「海飛沫に抱かれた人」という意味です。
名付け親の祖母は、彼女が生まれる日に海の夢を見たそうです。

マカハの海とともに成長した彼女は、のちに女性プロサーファーの草分けとして
活躍します。
ハワイ初の女性ライフガードとしてホームのマカハ・ビーチで働き、地元の子供たち
のためのサーフィン大会を主催するなどの活動に勤しみます。
海に生きる女性として、ハワイ中の人から愛される存在になります。
そんな彼女につけられたニックネームは「クイーン・オブ・マカハ」。
ハワイのサーファーで彼女のことを知らない人はいません。

「海が怖いと思ったことはないわ。だって海は祖先が眠っている場所だから。」

生前のインタビューで彼女、レル・サンが言っていた言葉です。
「海飛沫に抱かれた人」という名前の通りの人でした。

ALOHA は声

好きな声、嫌いな声、という好みの問題を越えて、人にいい印象を与えるのに、好ましい声と好ましくない声というのがあるような気がします。
ハワイの人たちが話すのを注意して聞いてみると、発声やトーンが心地よいことに気づきます。
ハワイは「声」を大切にする文化。
ハワイの歌・詠唱に使われる発声法がいくつもあります。
ハワイアンが声にこだわるのには、ハワイが文字を持たない文化、言葉を声で伝える口承伝承の文化だった歴史的背景と無関係ではないでしょう。
ハワイ語の格言にこんな言葉があります。

ヘ・オリナ・レオ・カ・ケ・アロハ
喜びは、愛宿る声にある

ALOHA な声で話してみませんか?

He ʻolina leo ka ke aloha.

与える

感謝されて嬉しくない人はいない。
誰かに必要とされて、その人のために自分は
何かを与えることができる。
幸せを感じるのってそんなときだ。
誰かを思いやる行動が無駄になることなど
ひとつもない。
ハワイがそう教えてくれる格言がこれ。

アオヘ・ロコマイカイ・イ・ネレ・イ・カ・パーナイ
報われない思いやりはない

与える人には与えられる、という教え。
何かうまくいかない、そう感じたら
与えることから始めよう。

ホノルル国際空港で出発便に乗るとき、26番以降のゲートに続くオープンエアの歩道でこの格言のキーワード「ロコマイカイ（思いやり）」がハワイ語で大きく彫られているのを見つけることができます。

'A'ohe lokomaika'i i nele i ka pāna'i.

オハナのあり方

ハワイの人々が大切にする言葉「オハナ（'Ohana）」、家族という意味です。
ハワイの人々が大切にする言葉「コークア（Kōkua）」、助けるという意味です。
この２つの言葉が出てくるハワイの格言が、オハナのあり方をこう説きます。

気づき、気づいてもらう
助け、助けてもらう
「オハナ」とはそういうもの

「オハナ」は、血の繋がった家族だけでなく、さらにその周りに広がる人と人の
つながりのことも指すことがあります。
あなたもハワイ・オハナの一員かもしれません。

'Ike aku, 'ike mai,
kōkua aku, kōkua mai;
pēlā iho lā ka nohona 'ohana.

一日にして成らずは…

のんびりとしてるハワイの人の時間感覚を、地元外の人は皮肉も込めて
「ハワイアン・タイム」と表現します。
では、その時間感覚のズレ、どのくらいなのでしょう?
そんな問いの答えになるかもしれないハワイの格言をひとつ。

アオヘ・フア・オ・カ・マイア・イ・カ・ラー・ホオカヒ

これを訳すとこうなります。

バナナの実は一日にして成らず

せっかちでイライラしている人への忠告として使われる言葉のようです。
喩えが「ローマ」でなくて「バナナの実」というのが、ハワイらしくていいですね。
ちなみにバナナの実が食べれるようになるまでには、花が咲いてから2〜3ヶ月
かかります。
慌てずじっくりと待ちましょう。

花を咲かせて実が育っていく野生化したバナナの様子を、マノアの森の中で観察しています。

‘A‘ohe hua o ka mai‘a i ka lā ho‘okahi.

波はいつも

ワイキキの海は、サーフィンの練習場として最適です。
基本的にはいつもほどよい高さの波が、穏やかにブレイクしています。
ときには強く激しい波でサーファーにしかけてくることもあります。

古代から王族に愛された絶好のサーフ・ポイントには、たくさんの人が集まります。
ひとつのポイントに人が集まりすぎると、波の取り合いになります。
レジェンド・サーファー、デューク・カハナモクは優しくこう警告します。

「知ってるかい？　波はいつだってたくさん来ているんだ。心配することないんだよ。
のんびり構えて待っていれば、波は来るから。」

サーフィンの波だけじゃなくて、人生の波にも通じる言葉のように聞こえるのは、
ぼくだけではないでしょう。

Just take your time - wave comes.

ALOHA-nature

海の民

ハワイの人は、憧れと羨望と誇りに溢れた瞳で『デューク』の名前を口にします。
その人は、世界にサーフィンを広めたレジェンド・サーファー
水泳オリンピック・チャンピオン
海で何人もの命を救ったウォーターマン
ワイキキのビーチでサーフボードを背に両手を広げ立っている銅像がその人。
デューク・カハナモクです。
彼の言葉です。

「私の家系は、自分たちが海から来たと信じています。そして海は、私たちが帰る場所でもあるのです。」

故郷は砂浜

クウ・オネ・ハーナウ
ハワイアン・ソングやチャントの歌詞に時々登場するフレーズ。
「生まれ故郷」というニュアンスで、ハワイアンがハワイを表現するハワイ語の
決まり文句です。
言葉通り直訳すると『私を生んだ砂浜』となります。
島の大地から命を与えられたことを伝えるこの言葉に、
自然を敬うハワイアンの価値観の原点を見るような気がしてきませんか？
白く輝く砂浜に囲まれた島と、その島で生まれた自分。
身の周りの自然環境を自分の命とつなげて考える、こんなにすばらしい視点を
共有しているハワイアンが、なんだかとてもうらやましく思えてきます。

このフレーズを最初に聞いたのは、ジャスティン・ヤングの『One Foot on Sand』の中でクムフラ、サニー・チングが歌うチャントだったか、クムフラ＆ソングライターのカワイカプオカラニ・ヒューエット作アレアがレコーディングした『Aloha Hawai'i Ku'u One Hānau』だったか…。

Ku'u One Hānau

すべてが借り物

フラ、サーフィン、ロミロミ、レイ、ハワイアン・キルト、ラウハラ・・・
ハワイアン・カルチャーに触れれば触れるほどあなたは身にしみて感じるはず。
ハワイの文化の土台になっているのが、島の自然に対する強い畏敬の念だということを。
では自然に対するハワイアンの強いリスペクトは、どんな信念に支えられているのか？

その問いにひとつの答えを与えてくれたのは、クムフラのカワイカプオカラニ・
ヒューエット氏。
草花でレイを編むように、ハワイ語の言葉を編み込んで神話の女神や場所をたたえる歌
を生み出すハクメレ（ソングライター）として尊敬を集める彼はこう言います。

「ハワイアンはこう信じていました。この世で個人が所有することができるただ一つの
もの、それはあなたの名前。つまり名前以外のすべてのものは、借り物なのです。」

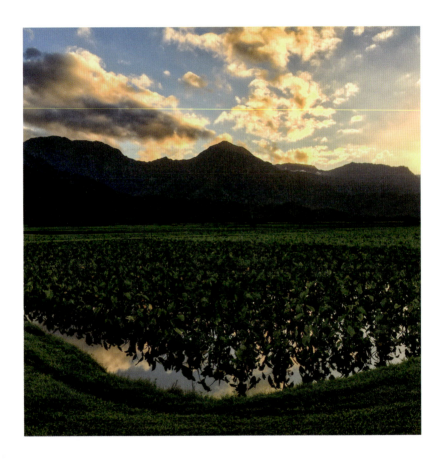

「地」への ALOHA

ハワイアンからよく聞く言葉に、「アロハ・アーイナ」「マーラマ・アーイナ」があります。
「大地に愛を」「大地を大切に」という意味です。
西洋文化に触れるまで、つまり18世紀まで、ハワイには「土地を所有する」という概念がなかったといいます。
島の地はそこに住む人たちに命を与えてくれる神聖なもの、という考え方です。
そんな価値観を持つハワイアンは、歌の題材として頻繁に特定の地を選びます。
その土地への愛着と、そこにある自然の美しさ、歴史的背景や伝承などを歌のなかに詩的に綴ります。
そのような歌を踊るのが、フラです。

Aloha ʻāina. Mālama ʻāina.

地に仕える

ハワイアンが代々守ってきた「大地への ALOHA」という精神性は、こんな格言からも伝わります。

ヘ・アリイ・カ・アーイナ、ヘ・カウヴァー・ケ・カナカ
主人は大地、仕えるのは人

土地は誰かに所有されるのが当たり前、の現代人にとってはちょっとしたカルチャーショックだろう。

大地に仕えなさい。
そんな古き良きハワイの教えは、現代のハワイでこんなふうに形を変えて伝えられています。

If you take care of the land, the land will tale care of you.
あなたが大地を守るなら、大地があなたを守るだろう

He ali'i ka 'āina; he kauwā ke kanaka.

森に女神

ノホ・アナ・ケ・アクア・イ・カ・ナーヘレヘレ
女神はいる藪の中

こんな言葉で始まるハワイ語の古い詠唱があります。
ハワイの文化を学ぶことは、森の女神の存在を知ること。
女神の名前はラカ。
森の女神ラカは、フラの守り神でもあります。
ハワイの森で見られる植物のなかには、ラカを祀るためのものがあります。
マイレやパラパライなどがそうです。
それら森の植物はラカの化身と考えられ、古典フラを踊るフラダンサーが身につけて踊ります。

身につけるための植物を集めに、フラダンサーは森に入ります。
森に入るときに唱えるオリ（詠唱）があります。
森の中では静かにするのがルールです。
そして、草花は最小限必要な分だけ、無駄なく集めます。
ハワイアンにとって、森は神聖な場所なのです。

Noho ana ke akua i ka nāhelehele.

虹と美女

「虹の州」と呼ばれるだけあって、ハワイでは虹が日常です。
神話・伝説にも出てくるくらいです。
「ライエイカヴァイ」という絶世の美女が女神になる物語があります。
物語のなかで虹が頻繁に描かれます。
ライエイカヴァイのあまりの美しさに、赤ちゃんのころから彼女のいるところに
いつも虹がかかってしまうからです。

ぼくが住んでいるマノアにも、虹になったプリンセスの神話が伝えられています。
「虹の谷」マノアにかかる虹は「カハラオプナ」、主人公の美女の名前です。

虹あるところは美女がいる。
虹は美女を追いかける。
これ、ハワイ神話の常識です。

マノアで日々虹の洗礼を受けているせいか、今では虹を見つける達人になりました。

天国の涙

誰かが息をひきとるとき
あるいは葬儀の途中で降る雨を
ハワイ語でこう呼びます。

ナー・ワイマカ・オ・カ・ラニ
天国（空）の涙

地上で嘆き悲しむ人たちを優しく見守る
神さまのお悔やみの涙だという表現。
そして、私たちは時折目にするのです。
惜しまれながらこの世を去る魂を渡すために
天国の涙がかけた虹の橋を。

Nā waimaka o ka lani

雨降って虹現る

虹を見つけると何となく嬉しくなってしまいます。
人を幸せな気持ちにしてくれる虹は、雨が降った後に現れます。
雨に降られても、少し我慢して待っていれば、すぐに雨雲は通り過ぎ
空にキラキラと虹が出る。
それを体験でよく知るハワイの人は、雨が降ったって傘なんか差しません。
雨は避けるものでも、迷惑なものでもないのです。

ノー・レイン・ノー・レインボー
雨が降らなきゃ虹だって出やしない

今流している涙も、きっと虹に変わる。

No rain, no rainbow.

神様の飾り

カーヒコ・オ・ケ・アクア
「神様の飾り物」という意味のハワイ語フレーズです。
何を指して言うと思いますか？
答えは雨のシャワー。
ハワイの人たちは、イベントの途中で降り出すにわか雨を
「ブレッシング・レイン（Blessing Rain）」＝「祝福の雨」
と呼んで、ありがたいものと考えます。
雨は神様からの承認のサインというわけです。
今度ハワイで雨に降られたら、
雨宿りしながらこの言葉を思い出してください。

Kāhiko o ke akua

ハワイに生を与えるもの

ハワイの住人になってから変わったことがたくさんあります。
雨が好きになったこともそのひとつ。
雨を愛するハワイ文化にどっぷり浸かったからかもしれません。
まるで子供に名付けるように、ハワイの人々は特定の場所に降る雨にひとつひとつ
名前をつけます。たとえば今ぼくが住んでいるマノアの雨は「トゥアヒネ(Tuahine)」、
となりの谷の雨は「リリレフア (Lililehua)」という具合に。

海に囲まれた小さな島では、雨はとても貴重です。
雨が降らなければ、水なしでは、植物も動物も人も、生きてはいけません。
天が与えてくれる雨によって自分たちは生かされている、古代のハワイアンが
そう強く感じたことが、こんな格言からも伝わってきます。

ウヴェー・カ・ラニ、オラ・カ・ホヌア
天は泣き、地を生かす

Uwē ka lani, ola ka honua.

雨は森を追いかける

昔々、海の神を祀る航海師たちの聖地だった無人島がありました。
ある日、海を越えて飛んできた戦闘機が、無人島からそう遠くない島を爆撃しました。
戦争が始まりました。
領土の島を攻撃された国の軍隊は、聖地だった無人島を爆撃演習地として選びました。
軍隊は島に爆弾を落とし続けました。
戦争は終わり爆撃演習も終わりましたが、その小さな島からは一本残らず木がなくなりました。
赤土をさらけ出した裸の島には雨が降らなくなりました。
戦闘機の国の名は日本
軍隊の国の名はアメリカ
無人島の名はカホオラヴェ

ハワイ系の人々による長年の運動が実を結び、カホオラヴェ島はハワイアンに返還されました。
海の神を祀る神聖な島に森と雨が帰ってくることを願って、植林プロジェクトが進められています。
この格言の教えに従って・・・

ハハイ・ノ・カ・ウア・イ・カ・ウルラーアウ
雨は森を追いかける

Hahai no ka ua i ka ululāʻau.

命の水

雨上がりのハワイの森の美しさを知っていますか？
森の葉や花びらに雨の雫がついてる姿なんて、もう芸術品です。
でも、雨の雫はただ美しいだけの飾り物ではありません。

オラ・イ・カ・ワイ・ア・カ・オープア
雲から落ちた水には命がある

ハワイの島人が暮らすためには豊富な水源が不可欠でした。
海から吹く風が山の上に雲を作り雨を降らす。雨は森の緑を潤し、川となって麓に流れる。清流は谷間に広がる水田のタロイモを育て、そのタロイモを主食にして島人たちは生活した。
島の自然のあらゆるものにあらゆる神が分身として宿るハワイで、命を育む水は自然の神カーネそのものと考えられました。水が御神体というわけです。
葉についた雫がなんとも愛おしく感じてしまうのは、無理もないことなのです。

Ola i ka wai a ka ʻōpua.

ALOHA-spirit

虹の迷信

虹は魂が旅立ったサイン
昔からハワイアンはそう信じていたそうです。
今、ぼくはそれをありきたりな迷信だとは思っていません。
なぜなら
20年連れ添った猫が亡くなった時も
お世話になったクムフラの葬儀の日も
義父の散骨の日も
ハワイの友人が亡くなった時も
ぼくの目の前に、いつもよりひときわ濃く鮮やかなダブルレインボーが現れたから。
不思議ではあるけど、この迷信はぼくにとっての真実です。

答えはどこに？

青い空と白い雲がきれいなすがすがしい日には、空をのんびりと眺めましょう。
こんなハワイの格言に従って・・・

クークル・カ・イケ・イ・カ・オープア
答えは、雲のなか

がんばってもがんばっても答えが出ない・・・
こんなに一生懸命なのに思うようにいかない・・・
そんなときは、ちょっと肩の力を抜いて、頭の中を空っぽにして、
ぼーっと空を眺めなさい。
大切な気づきっていうのは、そんな一瞬に降りてくるものなのだから。
そんな意味に受け取っています。

Kūkulu ka ʻike i ka ʻōpua.

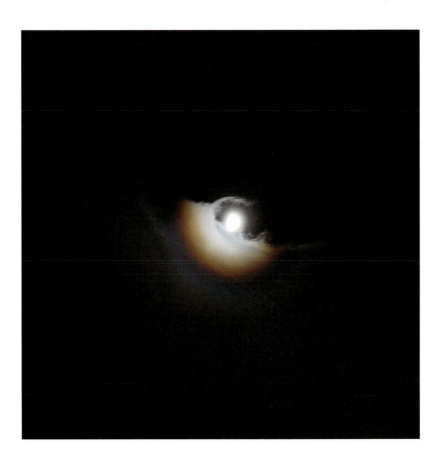

ハワイアンは自然観察者

古代のハワイアンは、自然環境の変化にサインを見つけ、そこからメッセージを受け取る、ということをごく日常的に行っていました。
そのようにして受け取った前兆、お告げを「ホーアイロナ (Hōʻailona)」と言います。
今も多くのハワイアンが、昔と同じように、雲の様子や頭上に浮かぶ鳥、風や海の様子から何かを感じ取り、それをもとに物事を判断したりします。
それは時には心霊的な予感や、祖先や先人からのお告げだったりするようです。
ハワイアンは、鋭い自然観察者の目を持つスピリチュアルな人々と言えるかもしれません。

Hōʻailona

探しもの

私のいるべき場所はこの世界のどこに？
私の進むべき道は？
私の理想の相手は？
そんな問いの答えを求めて、私たちはいろいろな場所を探し回ります。
ハワイを一定期間以上離れる体験をして初めて、生まれ育った島のすばらしさを
再発見するロコが後を絶ちません。
このハワイの格言を知ってか知らずか・・・

アオヘ・メア・イミ・ア・カ・マカ
探し求めるべきものなんてない

大切なものはすぐ傍にある、そう教えてくれています。
自分にとっての最適の答えを探し回った後、たどり着いた答えは、
じつは自分の足下に、自分の目の前に、自分の心のなかに、
ずっと前からあったことに気づく。そういうこと、ありますね。

'A'ohe mea 'imi a ka maka.

未来は過去？

自然エネルギー開発に関するハワイアン団体の広告を翻訳する仕事をいただいた時、こんな格言に出合いました。

イ・カ・ヴァー・マ・ムア、カ・ヴァー・マ・ホペ
未来にあるのは、過去だ

わかりやすく解釈するなら「未来は過去の産物だ」か。
私たちが生きている今の環境は、先祖が作ったもの。
今私たちがすることが、未来の環境を作る。
過去をどう引き継ぎ、今何を選択するかが大事だよ、と教えてくれているようです。

お気に入りのビーチに寝転んで、青いきれいな海を眺める。
この海が今と同じように存在する未来を作るのは、ぼくたちだ。

I ka wā ma mua, ka wā ma hope.

マナの時

人が行動を起こすときに役立つことには2種類ある。
ハワイアンはそう考えていたようです。
ひとつは情報・知識。
それなしにいい仕事はできません。
もうひとつは何でしょう?
マナです。

イケ・ノー・イ・カ・ラー・オ・カ・イケ、マナ・ノー・イ・カ・ラー・オ・カ・マナ
知識のときには知識を、マナのときにはマナを

マナとは潜在意識、第六感、霊力、人間力、生命エネルギーといった言葉で表現できる、本能的なパワー。あるいは選ばれた人のみが持ち得ることができた特殊技術のこと。
知識をいかすべき時と、マナをいかすべき時、それをよく見分けなさい。
この言葉はそう教えてくれているようです。

'Ike nō i ka lā o ka 'ike; mana nō i ka lā o ka mana.

心の目

ハワイは四方を海に囲まれ、どの大陸からも数千キロ離れています。
こんな場所にハワイ人はどうやってたどりついたのか。
ハワイの神話が伝えるように、ハワイアンの祖先は星と風を頼りにカヌーで太平洋を渡り島を見つけることができたのか。
それを実践で証明したのが伝統航海カヌー、ホクレア号1980年ハワイータヒチ往復航海でした。
この時、伝統航海術でホクレア号を導いたのがナイノア・トンプソンでした。
失われた伝統航海術をナイノアに伝えたのは、ミクロネシアの航海師マウ・ピアイルグ。
前人未到の伝説をさかのぼる歴史的航海が近づいたある日、オアフ島の海辺に立ってマウはナイノアにこう聞いたそうです。
「ここからお前にタヒチの島が見えるか？」
この問いに答えてナイノアが言ったのがこの言葉。

「心の目に島が見えています。」

航海長ナイノアは、ホクレア号とクルーを往路タヒチへ、そして復路ハワイへ無事導き、初のハワイアンによるタヒチ往復航海が成功しました。
ホクレア号とナイノアが証明したのは、ハワイアンの誇りと、信じる心のパワー。

ハワイ大学のキャンパスでナイノアの講演を聴いて強い影響を受けたのが20年前。その5年後、ナイノア本人へのロングインタビューをする機会を得ました。伝統ハワイの真髄に触れる思いにさせられる彼のハワイアン・スピリットにあふれた語り口調とその内容は、ずっとぼくの中で響き続けています。

I see the island in my mind.

持ち出し注意

ハワイに関係する数ある迷信のなかでも国際的に有名なのが、溶岩の悪運問題。
観光客がラヴァ・ロック（溶岩の石）をハワイの外に持ち帰ると、その人の身に悪いことが起こる、というもの。
「ペレの呪い」なんて言われ方もします。
実際、ハワイ島ボルケーノ国立公園には、持ち帰った石のせいで悪いことが起こったと、世界中から「持ち出してごめんなさい」という謝罪の手紙とともに石が送り返されてきます。
「ただの迷信」と鼻で笑うかどうかは、あなた次第。
いや、本当は鼻で笑わないでほしい！
ハワイの地元の人はこう言います。

「ハワイの地で見つけたものは、そのままハワイに残しておきなさい。」

こんなふうに言う人もいますよ。

「ハワイの地から持ち帰っていいのは、現地でのいただきものと、ALOHAだけ。」

Leave everything you find in Hawaii in Hawaii.

ペレに手を出すな

2014年、ハワイ島パホア地区の集落に溶岩流が向かっている、というニュースが日本に伝えられました。その日本での伝えられ方、受け取られ方を見ていて違和感を感じました。
問題は、「かわいそうな自然災害の犠牲者たち」というくくり方です。
そうじゃないのです。
ハワイアンが共有する、火の女神ペレに対する信仰心というものがあるのです。
溶岩流が迫るパホアの住人たちの間で議論が分かれました。
「溶岩流を人工的に迂回させてしまえ。そうすれば溶岩が住宅地に流れ込むのを防ぐことができる。」
この意見にハワイアンは強い違和感を持って異議を唱えます。
ひとりのパホア住人ハワイアン女性の訴えが印象的でした。

「先住ハワイアンとして言わせてもらいます。溶岩流、ペレに手を出してはいけない。彼女が自分の家を大掃除しなければいけないというなら、大掃除させるしかないのです。」

溶岩流の流れはとてもゆっくりなので、住人には家をあきらめ避難する時間が十分にあります。
溶岩が家や集落をのみこむとしても、ハワイアンはそれを必要以上に恐れたり恨んだりしていない。
島の地に仮住まいさせてもらいながら自然の営みに従い生きる。ぼくにはそんなハワイアンの価値観が尊く思えます。

ハワイアンが祈るとき

今も昔も、ハワイアンはよくお祈りをします。
山に向かって、森の入リ口で、草花を摘む前に、レイを編むとき・・・
ハワイアンはなぜ、何に対して祈るのか。
答えはお祈りの言葉の中にあります。

**ラカ・ケ・アクア・ノホ・イ・カ・ナーヘレヘレ
森の中には女神ラカがいる**

森には神さまが住んでいる、ハワイアンはそう信じるからです。
ハワイアンにとってハワイの森の草木は女神ラカの化身です。
ラカはフラの守り神でもあります。
フラダンサーはラカの化身である草花を身につけて踊ります。
草花を摘んでレイにするハワイのフラダンサーは、ラカの許しと加護を願い、
祈るのです。

Laka ke akua noho i ka nāhelehele.

家系を守るスピリット

「アウマクア（'Aumakua）」というハワイ語があります。
「守護神、守護霊」という意味です。
先祖の魂が家系や個人の守り神となるアウマクアは、自然界のもの、主に動物の姿を借りてこの世に存在します。
「私の（家系の）アウマクアは〇〇です」という使い方をします。
〇〇には、たとえばサメ、フクロウ、ウミガメなどの生物が入ります。
岩、植物、雲や雨などが入ることもあります。

アウマクアの話で印象的だったのが、ハワイアン・シンガーのエイミー・ハナイアリイさん。
野外のステージで彼女が代表曲『パーレフア』（フラダンサーに人気の神秘的な曲）を歌い出すと、空は晴れているのにどこからともなく霧雨が流れてきて、ミステリアスな空気に包まれることがあります。
鳥肌が立ってしまう瞬間です。
その体験の感動を伝えると「私のアウマクアは雨なのよ」とエイミーさん。
自分を守ってくれる先祖の守り神が、身の周りの自然界にいる（ある）。
とてもハワイらしい考え方ですね。

ところで'Aumakua をハワイ語辞書でひくと、もうひとつ、まったく違う意味が見つかります。「フラを踊って、とお願いする」という意味の動詞です。

フラを踊ってくれませんか？

'Aumakua iā 'oe.

ALOHA-song and dance

ALOHA はハワイの島々

ホオーラ・イア・ケ・アクア・マナ・ロア
神のマナによって生み出された地

ハクメレとしてもっとも尊敬されるハワイアンのひとり、カワイカプオカラニ・ヒューエットさんの代表曲のひとつ『アロハ・ハワイ・クウ・オネ・ハーナウ』の一節です。故郷ハワイへの ALOHA を歌うこのメレは、青い海に浮かぶハワイ諸島を、神が創った真珠のレイにたとえます。その美しい島に生まれ生きるハワイアンが、神聖な食物タロイモと水を大切にしながら暮らす平和な人類であることを歌います。
ヒューエットさんはこう語ります。

「命の水を与えてくれるのは、太陽の光・空気・水を司る生命の神、カーネです。命に溢れた自然のエネルギーに対して抱く謙虚な気持ち、アロハ・スピリットの原点はここにあります。」

ヒューエットさんが歌に込めたように、ハワイは確かにマナ、スピリチュアル・パワーにあふれている。ハワイが人々を惹きつけてやまないのは、そのためかもしれません。

Ho'ōla 'ia ke Akua mana loa.

ハワイアンがフラを踊るとき

ハワイを舞台にしたフラダンサーが主人公の映画に『The Haumāna ハウマーナ』があります。
映画は現代のハワイの美しい景色とともに、フラに真剣に取り組み始めるロコボーイたちの姿を映し出します。この映画の脚本と監督は、じつはハワイ出身の男性フラダンサー。そんな監督が伝えたかったであろうメッセージが、劇中語られるセリフに汲み取れます。そのひとつがこれ。

「フラを踊るとき私たちは、ひとりひとりの心の中やすべてのものに宿る『神』をたたえているのです。」

ここでいう神は、特定の宗教の神ではなく、人に祈る心をわき起こさせるすべての神聖なるもののこと。
ハワイの人たちがフラを踊る理由、それを知りたい人はぜひこの映画を観てください。

『ハウマーナ』の監督ケオ・ウールフォードさんとともに日本全国を巡る上映会イベントをプロデュースしました。フラへの特別な思いを共有する同志となったケオさんは 2016 年 11 月に他界してしまいましたが、彼と『ハウマーナ』上映地のフラダンサーたちが与えてくれたパワーが、今のぼくを支えています。

When we dance hula,
we honor the God in everyone and in everything.

ALOHA は歌

文字を持たなかった古代のハワイアンは、口承文化を発展させました。
詠唱・チャント・歌と踊りがとても重要な役割を担いました。
ハワイの人にとって歌が大切なのは今も同じ。
ハワイのクムフラは口を揃えてこう言います。

「私たちフラダンサーは、歌がなければ踊ることができません。」

歌とフラは、一心同体というわけです。
ハワイの人々の心を伝える歌が生まれ、その歌を踊りで表現するフラが生まれる。
そのサイクルをハワイアンは何世紀も繰り返し行なっているのです。

「歌」はハワイ語で「メレ (Mele)」、「編む・紡ぐ」をハワイ語で「ハク (Haku)」
「ハクメレ (Haku mele)」は「歌を紡ぐ人」、つまりソングライターです。

ハワイの人にとって、歌は「言葉で紡いだレイ」なのです。

ハワイのハートビート

フラは心で語る言語、つまりハワイの人々の心臓の鼓動そのものなのです。

19世紀のハワイ国王、デビッド・カラカウアの言葉です。
フラがいかにハワイアンにとって特別なものなのかを伝えます。
18世紀以降、西洋の人と文化がハワイに流入してから、フラは「先住民の汚らわしい踊り」として禁止されてしまった時代がありました。
そんな時代に登場して、フラを復活させ、ハワイ文化復興を実現させた国王の言葉だから、その重みも格別です。

そんな王様をたたえるフラ競技会が「メリーモナーク」。そのステージでローカルの一員として踊る機会をいただけたことは最高に嬉しい出来事でした。ぼくが体験した人生最大のプレッシャーもセットでついてきましたが・・・(汗)

Hula is the language of the heart
and therefore the heartbeat of the Hawaiian people.

弟子の心得

ナーナー・カ・マカ、ハナ・カ・リマ
目でよく見て、手で作業しなさい

「見て学べ」と伝えるハワイの格言です。
日本でも職人芸や伝統芸能は、このように教わりますよね。

極めた技というものは、言葉で説明して教えられるようなものではない。
見て、真似る。
黙って、見て、真似る。
その繰り返し。
質問も意見も10年早い。
身体に染み込ませることでしか会得できない大切なものがある。

ハワイの伝統芸能フラもそのように伝えられてきました。
美しく踊れるようになるために何より大事なのは、徹底した観察者になることなのかもしれません。

Nānā ka maka; hana ka lima.

視線がだいじ

Keep your eyes on the hands
ハワイアン・ソングのタイトルです。
「視線は手に」と言っています。
フラダンサーを観る観客に向けての言葉です。
語っているのは手の動き、腰の振りに見とれてちゃダメ。
そう諭しています。

クヒ・ノ・カ・リマ、ヘレ・ノ・カ・マカ
手が動くところ、目が追いかける

こちらはフラダンサーの心得として知られるハワイの格言。
フラダンサーは手と身体と表情で物語を伝えます。
手の動きに命を宿らせるために、ダンサーの目はいつも手を追いかけるのです。

Kuhi no ka lima, hele no ka maka.

フラダンサーの心得

フラは「ALOHA＝愛情」を歌と踊りで表現するもの。
ALOHA の対象は、自然と神、王族、恋人、家族、島、街、山、海、草花・・・
踊る表現者であるフラダンサーの心得を伝える格言があります。

アア・イ・カ・フラ、ワイホ・カ・ヒラヒラ・イ・カ・ハレ
フラを踊るなら、恥ずかしがる気持ちは家に置いてきなさい

メッセンジャーであるフラダンサーは、歌の語り部になりきる必要があります。
恥ずかしがる心は邪魔になります。
とはいえ日本人のあなたにとって、恥ずかしがる心を捨てるのは簡単なことではないかもしれません。
ハワイアンと日本人は、育った環境も愛情表現も違う。
それなら、日本人にしか表現できないフラというものが、あってもいい。

ʻAʻa i ka hula, waiho ka hilahila i ka hale.

心の深いところ

「フラを踊る時には、
歌に込められたストーリーを伝えるために
すべての感覚を総動員するの。」

ハワイのロコボーイ・フラダンサーを描く長編映画『ハウマーナ』の1シーンのセリフです。クムフラの言葉はこう締めくくられます。

「そして一番大切なこと、パー・カ・ナアウ。」

**パー・カ・ナアウ
心の深いところで感じなさい**

ナアウは「腑に落ちる」の腑。「丹田」という言葉でも置き換えられます。
頭で考えないで、丹田で感じて心の声を聞くことを大切にしなさい、という教え。
フラを踊る人だけでなく、どんな表現をする人にも通じます。
何かに悩んだとき、大切な決断をするときに思い出したい言葉です。

Pā ka na'au.

美しい人の定義

『ミー・ネイ』というフラソングの歌詞にも出てくる格言フレーズ

パリ・ケ・クア、マヒナ・ケ・アロ
背筋は崖のごとく、顔は月のごとく

切り立った緑の山肌と空に明るく輝く月、パリ（崖、頂）もマヒナ（月）も、ハワイの人にとって見れば笑顔になってしまう美しい存在。
このフレーズが喩えているのは、姿の美しい人。
背筋がまっすぐに伸びて、輝く月のように明るい表情をした人、それがハワイの人が考える美しい人。
「フラダンサー、かくあるべき」という意味にも受け取れます。

Pali ke kua, mahina ke alo.

フラダンサーは選ばれている

たまたま同時期に出会った別の二人が、まったく同じセリフでぼくの心を響かせました。
数年前のこと、どちらもハワイの方、そしてフラの世界で活躍する方。
ひとりは女性の若手クムフラ。もうひとりは男性の有名フラダンサーで映画監督。
二人が言ったのはこの言葉。

「あなたがフラを選ぶんじゃない、フラがあなたを選ぶのです。」

フラダンサーというのは、自分の意志でなれるものではない。
選ばれてなるのだ、というのです。
選ばれない人はどんなにフラが好きでも踊り続けることはできない。
反対に、選ばれた人はどんなに避けてもフラから逃れられない。
この言葉を教えてくれた彼女と彼の人生が、二人が選ばれた者であることを証明しています。
では、何が、誰が、二人を、そしてあなたを、選んだのか。

その答えを見つけるのは、あなた自身です。

You don't find HULA, HULA finds you.

よしみ だいすけ

文筆家、フラナビゲーター、ハワイ州観光局カルチュラル・コミッティー・メンバー

1991年よりハワイ在住。ハワイ大学卒業。フラ、ハワイ音楽に傾倒するハワイ・スペシャリストとして、ハワイを拠点に執筆・コーディネート活動を行う。ハワイのクムフラやミュージシャンとの親交も幅広い。フラダンサーとして、メリー・モナーク、キング・カメハメハの大会出場経験あり。著書に『たくさんのメレから集めた言葉たち』シリーズがある。近年、フラダンサーを対象とした日本での講演・セミナー活動に力を入れている。

ハワイ州観光局総合ポータルサイト
「All Hawaii オールハワイ」https://www.allhawaii.jp/
カルチャーコラム連載中

ハワイ州観光局公式ラーニングサイト
「アロハプログラム」https://www.aloha-program.com/
カルチャー・キュレーター

メールでのお問い合わせ先は
hulanavi@gmail.com
Facebook ページ
https://www.facebook.com/NuiDaisuke

LIVE ALOHA
アロハに生きるハワイアンの教え

2017年5月12日　第1刷発行

著　　者	よしみ だいすけ
編　　集	吉見 明子
写　　真	よしみ だいすけ

印刷・製本　　図書印刷株式会社

発 行 人　　平井 幸二
発 売 元　　株式会社 文踊社
　　　　　　〒220-0011　神奈川県横浜市西区高島 2-3-21
　　　　　　ABEビル 4F　TEL 045-450-6011

ISBN 978-4-904076-63-7

価格はカバーに表示してあります。
©BUNYOSHA 2017
Printed in Japan

本書の全部または一部を無断で複写、複製、転載することは、著作権法上の
例外を除き、禁じられています。乱丁、落丁本はお取り替えします。